AF563743

ADRESSE

AU

SÉNAT FRANÇAIS,

REVÊTU DE LA SUPRÉMATIE.

L'AN PREMIER DE LA RÉPUBLIQUE.

« La Justice est le premier rempart de la Liberté. Convenir que les Loix sont faites pour tous, mais n'en rien croire : c'est parler comme Servius Tullius, et en user avec la Loi, comme Tarquin avec Lucrèce. Mais il faudrait, quand on oublie la Justice, se rappeler de temps en temps le sort de Tarquin ».

TACITE. (*Traduction.*)

CITOYEN PRÉSIDENT,

TACITE abrégeait tout, parce qu'il voyait tout. Depuis dix-huit mois je ne vois que des délateurs, des fers, des assassins. Néanmoins je serai serré et concis autant qu'il est en moi. J'abrégerai tout, parce que vous n'ignorez de rien. Parmi les bêtes sauvages, la plus à craindre c'est le tyran ; parmi des hommes libres, c'est le flatteur.

S'IL est encore sur cette terre quelque Justice pour le faible, et que le bon droit toujours ne soit pas celui du plus fort, prêtez à ma voix gémissante une oreille attentive. Un Citoyen vous en conjure. Un Citoyen fut toujours compté pour quelque chose à travers les plus grands intérêts.

DEPUIS six ans ma vie est un combat continuel, mes jours ne sont marqués que par des pièges abominables, des délations infâmes et calomnieuses, des surprises d'autorité, des atteintes contre ma personne, des vols, des complots, des assassinats, et tous les maux de la vie la plus orageuse.

Ma famille, renommée par ses vertus civiques, a été de tous les temps un des plus fermes appuis de la splendeur de l'empire. On se souvient encore du patriotisme de mon ayeul, qui sauva Paris de la famine en 1709, et mérita, par son rare désintéressement, le titre glorieux de PÈRE DU PEUPLE. La République aujourd'hui lui devrait des millions, l'ancienne Rome lui eût élevé des autels.

JALOUX de marcher sur les traces de mes pères, ma patrie fut toujours l'héroïne de ma pensée, et aujourd'hui que je ne devrais plus lui être attaché que par mes fers, je l'aime encore avec cette énergie de sentimens qui seule inspire et exécute les grandes choses. J'ai fait mes preuves dans un temps où l'on se doutait à peine qu'il en existât une.

JE les ai faites en 1785, en m'immolant pour la Société, en lui procurant à mes *frais* et au *péril de ma vie*, la découverte la plus importante pour la marine, dont l'Angleterre était la plus jalouse, et pour laquelle notre gouvernement avait envain sacrifié des sommes depuis plus de 15 ans. Et loin d'en avoir été récompensé, je ne suis pas encore seulement remboursé de mes premières avances (1). Il semble que l'éternelle vérité prenne sous sa garde sacrée la défense du faible qu'on outrage, tant la vérité est indépendante des

(1) Une fois pour tout, j'observe que je n'avance rien que je ne puisse bien le prouver *géometriquement*, par correspondance, traités, et autres pièces à l'appui. Que ma tête réponde de ma véracité!.. Le seul bien qui me reste, et qu'on n'a pu m'enlever, est le souvenir d'avoir réussi à *mettre les forces maritimes de France au niveau de celles d'Angleterre*. Il y a quelque mérite, sans doute, à savoir sacrifier à propos son existence pour le salut et pour la gloire de la *République*.

efforts de l'homme, et tant est respectable ce bel ordre de choses qui rejette toujours l'opprobre sur celui qui voudrait en couvrir l'*homme utile*.

DELA, de mon fier dévouement, mes infortunes bien rares : j'ai trouvé la mort où j'ai donné la vie. . . . Je ne voulus jamais que d'inutiles protégés eussent à jouir, au coin de leurs foyers, du fruit de mes dangers à Londres, la Bastille s'ouvrit sous mes pas, je fus proscrit. Administrateur et inspecteur-général du doublage de la marine, je fus contraint de fuir, d'abandonner les plus grands intérêts. Mon hôtel fut livré au pillage ; ma femme jeune, sans expérience, fut séduite et enlevée, mes porte-feuilles forcés, 15 à 1800 mille livres d'actions, d'effets publics, meubles, linge, vaisselle plate, tout enfin fut extorqué, pillé, dénaturé.

PEU de mois après, un de ces hommes que l'enfer ne vomit que par longs intervalles, un Henri Labarte, l'auteur de tant de vols et d'extorsions, pourvu de tous les brevets d'impunité, fit de l'hôtel du doublage le repaire du plus audacieux brigandage ; associé de Duffour-Rinquet, et la Roche, il ébranla la foi publique et universelle, il porta l'épouvante dans tout le monde commerçant, et vola aux banquiers Tourton, Ravel et Gallet de Senterre, 13 à 1400 mille livres, sur de fausses lettres-de-change de sommes décuplées.

ERRANT et fugitif, j'avais à lutter seul contre tous les crimes et la tyrannie. Je m'arme d'une nouvelle constance pour dénoncer à l'Europe protecteurs et protégés. D'un courage au-dessus des revers, je me débats au milieu de toutes les entraves, en génie indépendant et libre. J'appelle, sur la tête du criminel, le glaive des lois. Henri Labarte cherche son salut dans l'antre mistérieux d'une commission souveraine créée pour lui tout exprès. J'attaque le Tribunal sacrilège, je brave les foudres du despotisme et tous les poignards de l'aristocratie (1).

(1) *Voyez* mon Compte rendu au commerce de l'Europe, 2 vol. *in*-8°., publié au mois de février 1786, traduit en plusieurs langues. *Voyez* ma Pétition au Peuple français et à ses Représentans. Avril 1786, 2 vol. *in*-8°., etc.

LABARTE à la fin succombe, il est décrété de prise-de-corps, *emprisonné*. Il obtient par le canal de sa *fille*, et par l'entremise du grand *Visir* Breteuil, sa liberté provisoire. Onze cent mille livres de biens, qu'il avait au soleil, suffisent à la Justice pour répondre du brigand protégé.

ARRIVE à pas de géant la révolution. Je l'avais préparée par mes écrits, je la brusquai par mon courage.

LE dimanche 12 juillet 1789, je passe la nuit au Palais-Royal et à l'Hôtel-de-Ville; par-tout je me montre en penseur courageux. Nommé, le lundi 13, commandant en chef d'une multitude de citoyens (dignes sans-culottes), je trouve le secret de les armer tous des premiers; je les fais reconnaître à la maison commune sous la dénomination des Volontaires de Saint-Jean de Latran et des ennemis du despotisme. Je soulage de ma bourse les plus infortunés, j'obtiens même d'avoir, pour ainsi dire, à ma solde un certain nombre de gardes-françaises, à l'effet de préparer à la marche mes braves compagnons d'armes.

LE 14 juillet, j'électrise des milliers d'ames, en faisant le premier la motion à la maison commune de venger l'attentat du gouverneur perfide, d'attaquer, de réduire la forteresse coupable, ou de s'ensevelir au milieu de ses ruines.

AINSI s'est fait et brusqué ce siége, fameux du moins, par l'audace de l'entreprise. On y comptait les assaillans. Et cette conquête, *le bien de tous*, sans lequel tous les autres ne seraient rien, n'a guère pris plus de temps que je n'en mets à la raconter.

QUE faisait alors Henri Labarte et ses *braves* agens? Henri Labarte, aujourd'hui, et depuis dix-huit mois, mon délateur, mon assassin! Que faisait-il, cet ennemi constant du peuple, le favori du satrape Breteuil, et de tous les tyrans subalternes? . . . Il déplorait la ruine de ce palais des vengeances, il gémissait sur le cadavre du despotisme, qu'il n'avait pu couvrir ni préserver.

CEPENDANT la veille de cette conquête incroyable,

le fourbe, de concert avec son ami le prévôt des marchands, avait imaginé, à la faveur d une offre insidieuse de cinq cent mille livres, faite à la commune, de se faire décerner, tout-à-coup, le commandement général de la milice parisienne avec une épée civique, qui se trouva là tout exprès, pour armer le héros (1). comme la Sainte-Ampoule à Reims pour sacrer nos Rois; mais prêtez l'oreille au reste, au précis de mon infortune extrême.

LE Tribunal créé par le despotisme, pour blanchir, pour acquitter Labarte envers les banquiers Tourton, Ravel, et envers moi-même, anéanti de fait par la révolution dans l'affreux système des évocations, s'obstinait toujours à vouloir juger. J'apporte de nouvelles entraves. Labarte et ses agens intriguent de telle sorte au comité des rapports de l'Assemblée nationale constituante, qu'au mépris de tous les premiers principes, la commission sacrilège est maintenue et confirmée. Je m'élève avec indignation contre cette escobarderie d'un décret, en opposition avec tous les precédens décrets, et je publie aussitôt un ouvrage véhément en logique, sous ce titre: *Apel au Corps légisgislatif d'un décret surpris à l'Assemblée nationale*, *avec cette épigraphe:* — soit complice ou vengeur, autorise ou répare. — Le décret est rapporté, l'infernale commission *adhirée*, et le procès renvoyé pardevant les Tribunaux qui jugent et prononcent au grand jour.

LIVRÉ à toutes les alarmes, Henri Labarte, dont la fureur et la cupidité ne reposent jamais, se pénétra de

(1) ON peut se ressouvenir des pantomimes, prêches et cavalcades de ce tartuffe *Général*. Monté sur un superbe coursier, environné de trois de ses fils, il donnait au bon peuple, sans relâche, le *grand* spectacle des *quatre fils Aimon*. Son histoire manqua de devenir tragique. Je renvoie à son oraison funèbre que prononça, à la Commune, son ami et successeur Lafayette. Lafayette dont le nom souilla ma plume, mais dont j'arrachai bientôt le masque imposteur; et certes, de tous mes prétendus grands crimes, celui-là ne fut pas le moindre!

la nécessité de m'anéantir à mon tour; et résolu à ne rien épargner, *il mit ma tête à prix*.

LE succès ne répond point à son attente. Et après avoir essayé de tous les moyens pour m'arracher la vie, après avoir tenté de corrompre, au poids de l'or, *en décembre* 1790, deux soldats de la garde nationale du centre (*Arthus et Bizet*), après avoir fait déposer par un de ses fils le *prix du sang*, pour entraîner ces hommes, heureusement incorruptibles, à M'ASSASSINER au milieu des ténèbres de la nuit, ma mort, par la main d'un bourreau, était la seule ressource qui fût en sa puissance, pour jouir en paix du fruit de ses brigandages; et comptant sur des agens éprouvés, qu'il s'était déja assuré par des crimes, il lui fallait bien commencer par en créer à celui qu'il voulait faire périr du glaive des lois.

ASSASSINER du poignard de la délation un ennemi qu'on a raison de redouter, obtenir de son créancier sur l'échafaud une quittance générale.... tout cela n'était pas mal vu en spéculation; il y a même une série de calculs, une profondeur de combinaisons et de scélératesse qui élève Henri Labarte au-dessus de tous les modèles: mais le cher homme n'est pas toujours heureux. L'événement a prouvé du moins que l'action est lènte et trop compliquée.

SAISI par un bras de fer, le 26 mai 1791, précipité sur l'heure dans le silence des cachots d'une *nouvelle bastille*, qu'on appelle Abbaye, sans décret, sans jugement, sans aucune conviction d'un délit quelconque, j'ai demeuré enseveli dans le gouffre *constitutionnel* neuf à dix mois entiers, sans pouvoir obtenir d'être traduit en justice.

DÉNONCÉ dans un comité des Recherches, Ministre exécrable, qui naguères n'élevait son autel et ne rendait ses arrêts que dans une caverne de serpens, accusé de cinq à six crimes de léze-nation, qui tous emportait la peine de mort; j'en ai été réduit, dans cet âge de lumières, au règne de la liberté, à m'accuser moi-même encore en plein sénat de plusieurs autres crimes, pour essayer du moins de faire entendre sous la hache des bourreaux le dernier cri de l'innocence étouffé depuis sept mois, dans les serres du despotisme, pour me faire interroger enfin, absoudre ou condamner. Et ce n'a été qu'après neuf à dix mois d'un supplice provisoire que l'on m'a ouvert le champ de la justice, que l'on m'a décrété d'accusation... Et je n'ai dû encore cette *faveur insigne* qu'à l'explosion terrible de mon désespoir concentré....

PENDANT neuf à dix mois mon ame, d'une trempe indestructible, s'irritant sous le glaive et dans les serres du despotisme, s'est exercée à sa ruine... Et mes interrogatoires clos, mon odieux secret à peine levé, un Ministre dit de la justice, Ministre de l'iniquité ! de concert avec un *accusateur public*, ami très-ancien, conseil et débiteur d'Henri Labarte, trouva le secret de m'expédier pour Orléans, où séquestré des humains, j'ai passé encore cinq mois au milieu de tous les poignards.

SANS DOUTE, et il faut se hâter de le dire, sans doute que tout homme qui manque à la Loi, doit satisfaire à la Loi par son sacrifice. La Loi d'un peuple libre doit être implacable ; mais il n'appartient qu'à la Loi de juger celui qu'elle condamne : nul sur la terre n'a reçu le droit d'en punir un autre arbitrairement ; et il n'appartient qu'à la Loi d'être la distributrice, comme la dépositaire de toutes les peines.

ET depuis dix-huit mois je sue le sang sous le poids de l'oppression ; les proscriptions de Sylla, les fureurs de l'inquisition et les persécutions de Dioclétien en offriraient à peine un seul exemple. Le plus à plaindre des captifs n'est pas celui qui porte paisiblement ses fers, c'est celui qui se consume en vains efforts pour les briser, et qui joint ainsi aux transports de la rage, tous les regrets de l'impuissance.

JE me suis vu, sans exagérer, comme un patient dont on calcule la durée sous la pression progressive de ses bourreaux. Non, toute l'éloquence humaine ne saurait jamais rendre dans sa force, dans sa durée, ni dans sa continuité tout ce qu'a souffert, depuis dix-huit mois, mon ame patriotique. Mais, Citoyen français !.. veux-tu t'en faire une seule idée, l'effort n'en sera pas pénible, si tu en es digne ? ose t'élever seulement à ta hauteur sublime !... mourir est une peine sans doute ; mais passer pour *infâme* en est une aussi, et quand on sait bien entendre ces mots magiques PATRIE et LIBERTÉ, on n'hésite pas à choisir entre l'infamie et la mort.

JE suis accusé, mais tout citoyen peut l'être sans doute. Caton, le plus honnête homme de son temps, fut accusé quarante-deux fois, et quarante-deux fois absous. Citoyens vertueux ! le crime n'a pas moins de cours que *l'assignat*. Le temps d'une révolution est la saison des vengeances. L'abîme reste ouvert sous vos pas !... Vos pères, vos femmes, vos enfans et vous-mêmes pouvez être accusés demain. Qui ne le sait d'ailleurs ? Un poison subtil circule de ville en ville, de famille en famille. Le virus de la délation est inoculé dans tous les cœurs corrompus ; et certes, depuis qu'on a fait adopter comme moyen moral de récompenser les délateurs, il ne faudrait pas plus s'étonner sur le caractère des victimes que de l'audace des assassins.

QU'UN citoyen soit enlevé à la république par le cours de la nature, c'est une perte dont il faut bien se consoler : qu'un soldat termine sa carrière comme Turenne et Gouvion, c'est une fatalité sans doute, mais c'est une chance que doit envier tout guerrier courageux : qu'un scélérat chargé de crimes soit retranché de la société qu'il tourmente, c'est un sacrifice nécessaire et dont il faut s'applaudir. Mais quand un homme utile est immolé par des pervers que l'intérêt, l'esprit de parti, la haine et les vengeances arment contre lui ; quand des représentans d'un peuple libre et des fonctionnaires publics se réunissent contre l'objet de cet odieux manège ; que les uns par des délations ténébreuses, les autres par des actes de tyrannie lui font maudire sa patrie, accuser les Lois et la vertu, s'élever contre un Dieu même qu'il croit sourd à ses cris, blasphémer pour attirer ses foudres et hâter ses vengeances; c'est une calamité publique, parce que son histoire prouve qu'il n'y a plus dans la partie de la nation qui donne ce funeste exemple ni pudeur, ni conscience, ni frein au despotisme des magistrats du peuple, despotisme cent fois plus redoutable que celui des plus cruels tyrans.

Un grand crime ne se préjuge jamais: une sagacité active et impassible qui a l'habitude de sentir le vrai et non celle de voir les hommes dans le jour odieux où des délateurs féroces les lui ont d'abord présenté, doit toujours rejeter comme par un mouvement involontaire toutes les circonstances qui ne sont pas dans la nature; elle doit proportionner la grandeur des preuves à l'énormité du délit, et dès qu'un forfait n'est pas évidemment prouvé, le devoir et tous les sentimens réclament que l'on présume l'innocence. Envain invoquerait-on cette maxime si sublime, toutes les fois qu'on l'applique en son véritable sens, mais si fatale quand on en abuse, LE SALUT PUBLIC! Le salut public! hommes *heureusement* perfides! le salut public est dans le respect des autorités constituées, et de tous les citoyens pour la justice et la liberté. Apprenez que la justice et la liberté, ces compagnes fidelles créées pour le bonheur des humains, sont constamment inséparables. Sévir contre l'innocent quand il en est besoin; il n'y a pas d'honnête homme que ne doive faire trembler cette maxime exécrable qu'on ne manque jamais de colorer de l'intérêt public.

Conspirer contre mon pays! avoir pu concevoir la pensée de miner cette base sur laquelle repose la confiance publique!... Jamais un grand cœur ne fut lâche ni perfide. L'amour de la patrie, ce noble et fier élan des ames, ce feu sacré qui double l'existence, il est le foyer des lumieres, comme le type des vertus. Oui, je pourrais livrer ma vie toute entière à l'examen du Juge le plus sévère, et s'il y voyait quelques-uns de ces orages qui n'appartiennent qu'aux temps, aux lieux et aux circonstances, il y trouverait aussi, j'ose le dire avec orgueil, quelques vertus qui ne sont pas ternies par un seul crime.

MALHEUR donc à qui pourrait me reprocher quelques égaremens suffisamment expiés, et plus que réparés, pour me refuser l'estime et la considération que l'on doit à tout citoyen qui a bien servi sa patrie, qui l'a servie avec un zèle aussi pur que désintéressé. Et qu'importe au public les écarts d'une jeunesse orageuse, quand l'âge mûr lui paye un tribut noble et généreux? Peu d'hommes, je le sais, ont donné plus que moi prétexte à la calomnie, et servi de pâture à la médisance: mais pouvait-il en être autrement? Qu'il me soit donné de le demander aujourd'hui, parce que ma conscience m'en donne le droit, quel homme peut s'honorer de principes plus courageux et d'un plus fier zèle de patriotisme? Quel autre compta jamais des ennemis plus lâches et plus flétris? En est-il un seul dont je puisse m'honorer? Qu'il se présente un individu connu pour honnête homme, dans toute la force du terme, et qu'il m'accuse, je marche à l'échafaud.

Je me suis armé, mais je n'ai jamais entendu m'armer que contre les abus et la tyrannie, contre l'espionage et la délation qui en furent de tous les temps la source et le moyen principal, contre les ordres arbitraires sur-tout, contre ce foudre toujours tonnant que je sçus conjurer sous le despotisme des Ministres, et qui m'a foudroyé sous le despotisme des Magistrats, sous le *protectorat* des Bailly, Duport et Lafayette.

CERTES je tire à orgueil aussi d'être du petit nombre des penseurs courageux qui, par leurs écrits, ont préparé la révolution dans l'affreux système de l'oppression; mais c'est en sacrifiant sans relâche à cette douce philosophie, qui respire l'amour des hommes et le bonheur de tous les infortunés. Jamais je n'ai confondu dans mes paroles ni dans mes actions la liberté sainte avec une licence sacrilège. Jamais je n'ai cessé de respecter les dignes magistrats du peuple. La Loi toujours fut l'objet de mon culte. Mais nul dans son cœur ne porte plus profondément gravée la haine contre les tyrans, contre tous les ambitieux, contre ces petits corrupteurs, qui s'élèvent les uns sur les autres, et dont il est impossible qu'un grand peuple n'ait pas à gémir. Si je pouvais disposer des foudres d'un Dieu vengeur, j'en frapperais sur l'heure tout fonctionnaire public, qui ose sans pudeur mettre l'autorité à la place des Lois pour opprimer son semblable.

Le moyen que je ne me fusse pas livré à tous les excès ? Exista-t-il jamais un homme plus opprimé, plus calomnié, plus assassiné! Le moyen de croire à la vertu, à la justice, à la liberté, quand pendant neuf à dix mois on gémit dans la plus farouche inquisition ; quand pendant dix-huit mois on ne voit que des tyrans et des bourreaux. Et l'on s'étonne de toutes les horreurs vomies contre moi par cent bouches impures et stipendiées ? Ne sait-on pas que l'intérêt cupide commence toujours par faire bien noire la victime qu'il veut immoler? Mes assassins, mes seuls ennemis, mes délateurs enfin, sont tous mes débiteurs de fortes sommes, et ils le sont, à-peu-près, comme le seraient du confiant voyageur, les brigands qui l'espèrent à son passage pour le *dévaliser*. Henri *Labarte*, *Dulac* dit *Penhouet*, *Brière*, *Ducoudray*, *Lieutaud* et compagnie, épuisant ensemble tout ce que le génie de la scélératesse peut produire de ressource, ne font pas un seul pas dans leur horrible carrière qu'ils n'y laissent une lumière, qui éclaire la justice.

Loin de moi donc toute espèce de justification *provisoire*. Où il n'y a point de délit, il n'y a point de coupable. Et ce n'est pas à des législateurs, ni à des juges élus par un peuple libre qu'il me faudra rappeler cet axiome consacré par la jurisprudence de tous les siècles, et par la raison éternelle, qui vaut mieux que toutes les jurisprudences du monde : *Où la vérité n'est pas pleine et entière, il y a pleine fausseté ; de même où il n'y a pas un corps complet de preuves, il y a un manque bien complet de preuves* (1). Ma justification au surplus est encore écrite en caractères de sang sur les ruines d'une *Bastille* élevée par le despotisme, c'est-là qu'il faut aller la lire. Là je fis le serment de vivre *libre ou de mourir*, et ma vie d'homme libre sur cette terre misérable, fut un traité dont la mort seule est la condition. Devais-je donc m'attendre, Citoyens Sénateurs ! à devenir parjure dans une autre *Bastille* élevée par la Liberté ? . . .

MAIS pourquoi faut-il que j'aie à vous rappeler l'époque du 2 septembre, jour de meurtre et de carnage, jour à jamais exécrable ! où seul, avec mon innocence, je res'ai sept heures sous le fer assassin, sept heures à digérer la mort ! . . . Assurément la vie ne m'est rien, et je connais la mort : je l'ai vue de trop près *le* 14 *juillet* 1789, pour devoir l'appréhender. La mort est toujours ou passée, ou future ; quand elle est présente, elle n'est déja plus. Mais la voir pendant sept heures planer sur sa tête sans pouvoir l'obtenir, la voir pendant sept heures sous le masque le plus effrayant, songer pendant sept heures qu'on laisse après soi des enfans qui n'ont plus de mère, que sa fortune, jusqu'à sa dernière chemise, est à la merci de ses assassins, mourir comme un coupable sans espoir d'être vengé, mourir d'une mort lente et funeste, mourir massacré... Citoyen Président ! c'est mourir de mille morts ! ! ! ...

Un dieu veillait sur moi ; il n'a pas voulu que je périsse. Après avoir parlé plus d'une heure avec toute la fermeté d'une ame qui n[illegible]connaît d'avilissement que celui du crime, un peuple lion dans la fièvre

---

(1) Quod non est plena veritas, est plena falsitas ; sic, quod non est plena probatio, planè nulla est probatio. *Ad legem Codicis Jul. Majest. Cujas.*

de ses vengeances s'est tout-à-coup calmé pour moi. Le ciel veut qu'il me reconnaisse pour avoir été un des plus fiers défenseurs de ses droits, et un des premiers vainqueurs de la Bastille. Des magistrats, organes de sa volonté *toute-puissante*, proclament ma liberté aux cris de vive la Nation. Cependant j'ai l'audace de la *refuser*, cette liberté, je proteste contre jusqu'à trois fois. *La Nation est souveraine*, me crie-t-on, *elle a le droit de faire grâce*. Des grâces, répliquai-je, je n'en reçois d'aucune puissance sur la terre : des grâces, en pareil cas, suppose un coupable ; et je suis innocent. J'ai été accusé, il faut que je sois jugé, jugé par la loi : elle seule peut me rendre mon existence civile, et me *venger*. Je déclare donc le sous couteau, que j'entends rester dans ma prison, et que je préfère la mort à passer pour infâme. On me laisse à peine le temps d'achever, je suis entraîné, porté en triomphe à travers les morts et les mourans, et sur des membres épars, des cœurs encore palpitans, qu'on me force de toucher, il me faut répéter une formule de serment digne du sacrifice des Druïdes. C'est avec un poignard et du sang qu'il me faudrait écrire l'épouvantable histoire de cette liberté. (*Voyez* les pièces justificatives.)

DÈS le lendemain de ma résurrection, je me rends chez les citoyens magistrats Pétion et Manuel, pour leur en apprendre toutes les circonstances. J'y retourne le surlendemain, je me présente cinq fois sans pouvoir parvenir jusqu'à eux. Je me décide à me ranger sous la coulevrine de la section du Théâtre Français, dite de *Marseille*, la section de Paris la plus sévère dans ses principes, la plus éclairée dans son patriotisme, et sans contredit, l'effroi de tous les malveillans. Je me présente avec l'assurance d'une conscience sans reproche au Président de son comité de surveillance et aujourd'hui de la Convention nationale, le Citoyen Boucher Saint-Sauveur : le nommer, c'est faire son éloge.

VERSÉ dans la science profonde de bien connaître les hommes et les choses, ce citoyen est connu par quarante ans de travaux, de vertus et de bienfaisance. Un pareil témoignage ne peut être suspect, j'ai la confiance de l'invoquer à la face de tous mes concitoyens. Qu'il dise, ce Sénateur, les fermes résolutions et les divers sentimens que j'ai manifestés dans ma misère profonde? Qu'il dise, si ce n'est pas pour la première fois de ma vie que je l'ai vu et que je lui ai parlé le 4 septembre, trois jours après le recouvrement de cette horrible liberté? Qu'il dise, enfin, si je n'allais pas louer, dans son hôtel, un petit appartement?

EN sortant de chez le citoyen Saint-Sauveur, je me trouve nez à nez avec Dulac, dit Penhouët, Dulac, mon ancien délateur, mon assassin, l'agent d'Henri Labarte. Le misérable compose tous ses traits, et avec l'accent de la sensibilité : *J'ai tremblé pour votre vie*, me dit cet excrément de la nature; puis d'un air contrit et humilié : *Oubliez le passé, je vous en conjure.* — Je ne puis, lui répliquai-je, vous promettre que d'oublier vos crimes, s'il vous reste le remord, pour les expier. *J'ai été abusé indignement*, ajoute ce lâche coquin, *j'ai été entraîné par la famille Labarte, Ducoudray, la Borde, Lieutaud, et sur-tout Poissonnier-Despérières, aide-de-camp de Lafayette; mais je veux dire tout et tout réparer. J'irai voir Pétion et Manuel, si vous le voulez, donnez-moi un rendez-vous demain au Luxembourg, et je vous apporterai une déclaration pardevant notaire, qui ne vous laissera plus rien à desirer.* -- J'accepte votre rendez-vous, mais je l'eusse préféré au bois de Boulogne. Tenez-bien pour constant, au surplus, que je veux être jugé et *vengé*.

JE retourne le lendemain chez le citoyen Saint-Sauveur, il était au comité de surveillance. Je lui expose toutes les circonstances de ma rencontre funeste, mes pressentimens affreux, mes craintes, mes alarmes. Il tâche de me rassurer, et m'engage néanmoins à faire au comité, qu'il préside, une déclaration de ce qui s'est passé, je la rédige sur le bureau. (*Voy. les pièces justificatives.*)

Le samedi 8 septembre, d'exécrable mémoire, six jours après ma liberté proclamée sous le fer assassin, je me rends au Luxembourg vers les deux heures (1), bientôt je distingue Dulac dit Penhouët, avec deux individus. Un misérable qu'il fait passer pour son valet-de-chambre, mais qui n'est que son associé depuis maintes années dans ses brigandages, fond sur moi avec trois autres mouchards, et un officier. Je suis enlevé impitoyablement, en vertu d'un ordre du comité de surveillance de l'*Assemblée nationale*. En vain je me réclame de la section dite de Marseille, où reposait ma déclaration bien motivée. Je suis jeté dans un fiacre, conduit au corps-de-garde des feuillans, précipité dans un cloaque impur, qu'on appelle *violon*, avec trois meurtriers qui avaient encore les mains teintes de sang.

(1) J'observe que j'avais passé trois ou quatre heures de la matinée, à la prison de la Force, pour tâcher d'y recouvrer avec l'assistance de quelques magistrats, une partie de la multitude d'effets, linge, argent, montre, bijoux, papiers et autres valeurs, qui m'avaient été pillés. Je n'avais pas une seule chemise pour changer, pas un écu pour me sustenter. Incarcéré dans la prison de Ste-Pélagie, à 10 heures du soir, je n'avais pris depuis 34 heures, qu'un biscuit et un doigt de vin qu'on m'avait donné au comité de l'Assemblée nationale, et je n'avais pas un sou pour avoir du pain. Du moins l'ancien despotisme nourrissait les hommes en les opprimant. Depuis 18 mois je suis dépouillé de tout ce que je possède, de plus d'un million de titres, de valeurs, de réclamations, et faute de mes papiers, que je réclame en vain depuis la clôture de mes interrogatoires (depuis 7 à 8 mois), je ne puis toucher de rente, ni me faire payer de ceux qui me doivent. Des amis, des parents m'envoyent des secours dans ma prison, on m'enlève tout ce qui me reste le couteau sous la gorge. Enfin on ne m'a pas encore *restitué le quart* de tout ce qui m'a été volé dans mon cachot. Hérite-t-on de ceux qu'on assassine?.. Je suis sans pain, citoyens! et mes pères en ont donné aux vôtres.

A huit heures, mourant presque d'inanition, je suis traduit devant le comité législatif, présidé par le citoyen Bazire. S'il n'eût été qu'un homme ordinaire, il pouvait avoir à se plaindre de moi, et me faire ressentir le poids de sa vengeance ; il y met au contraire beaucoup de procédés ; il devient pour moi sensible et généreux. Après avoir parlé une grande demi-heure avant même d'être interrogé : --- *Si nous l'écoutons davantage*, dit un membre, *il nous fera faire des sottises.* Ceci n'était pas d'un heureux augure. Cependant le comité, en général, à qui je n'ai que des hommages à rendre, s'est montré parfaitement édifié ; du moins il me le parut tellement, qu'il ne balança pas à me faire connaître par l'organe de son président, et le nom de mon délateur, et toutes les circonstances de sa perfide délation. Il fit plus encore, il me lut une lettre écrite en juillet 1791, par l'ex-législateur *Voidel*, président du comité des recherches, à l'éternel délateur Dulac, dans laquelle, après l'éloge pompeux de ses *vertus* civiques, *il reconnaît toute l'importance de sa dénonciation contre moi, et lui promet de lui faire obtenir la récompense qu'il réclame* (1). Dulac Penhouët avait remis cette fameuse lettre au comité, pour accréditer d'autant sa nouvelle et virulente dénonciation.

Dès que je vis que le comité voulait en venir aux opinions, et que l'homme infortuné, qu'un peuple furieux avait su respecter, par la protection sensible de la

(1) Ainsi donc il devient bien notoire que Dulac a été, en mai 1791, mon *dénonciateur*. Dans tous les cas j'aurai le droit sans doute, d'invoquer le témoignage de tout un comité, dont plusieurs de ses honorables membres ont été conservés. Dulac a été mon dénonciateur, et l'on a osé sans pudeur, au mépris de tous les premiers principes de la jurisprudence criminelle, le faire entendre comme *témoin* ; et un *accusateur public*, ami ancien et débiteur d'Henri Labarte, proteste dans des réquisitoires perfides, calomnieux et pitoyablement diffamatoires, qu'il n'y a point de *dénonciateur. Proh' pudor* !

providence

providence, ne lui paraissait pas une chose sacrée, je le mis fort à son aise en lui parlant ce langage d'un cœur brisé. -- Puisque des circonstances impérieuses vous font accueillir des dénonciations aussi absurdes, puisqu'il n'est pas en votre puissance de me garantir des poignards de la délation, ni de me venger, je vous demande, Législateurs, une prison, comme un bienfait. Que je retourne sous le couteau! Le citoyen président Bazire se défendit d'être mon juge, et sortit. Le citoyen Fauchet fit l'éloge de quelques-uns de mes écrits, me reconnut pour son frère d'armes, et signa, *fraternellement*, l'ordre de ma *réincarcération*. (*Voyez les pièces justificatives*).

Je reviens à ce Dulac Penhouët, dont le nom couvert d'une célébrité malheureuse, ne sera plus désormais qu'une injure. Il faut la méditer sa dénonciation de *sang*, en voici la *substance* :

Après avoir dit au comité que, par mes intelligences avec quelques brigands, *j'avois réussi à m'échapper des prisons*, après avoir reproduit tous les anciens *crimes* qu'il m'a créés, il a déclaré que m'ayant rencontré, il a feint de vouloir se réconcilier avec moi pour pénétrer tout ce que j'avais dans l'ame, et qu'il a trouvé le secret de m'arracher de nouvelles confidences. Qu'enfin, *d'après les propos les plus incendiaires, je l'avais assuré que voulant me venger, et finir par quelque coup d'éclat, j'allais me mettre à la tête du faubourg Saint-Antoine, sur lequel j'avais de l'empire, pour délivrer le Roi et sa famille.* Cet infâme n'a pas manqué d'ajouter ensuite que j'étais capable de tout exécuter, que j'étais le plus dangereux agitateur du peuple, le plus cruel ennemi de l'égalité, et le plus odieux des conspirateurs.... Quand donc, ô citoyens! vous qui, pour l'ordinaire, jugez si légèrement des hommes et des choses, qui êtes tout de feu pour le mensonge, et de glace pour la vérité, quand voudrez-vous apprécier les titres patriotiques des assassins et de la victime?

Que l'homme est terrible dans ses vengeances! non

la nature ne voit pas dans son sein de monstre plus étrange et plus affreux que ne l'est un homme insensible au malheur d'un autre homme !!!... Dans le moment où les passions se taisent, où l'humanité s'éveille, où la haine meurt, où l'ennemi pardonne, c'est précisément alors que la fureur d'un *Dulac* s'irrite davantage contre un infortuné qui n'existe que par la douleur. Vit-on jamais assassin plus constamment féroce? voyez-le se féliciter de ses misérables petits succès. Comme ces tigres affamés qui se tourmentent pour déchirer leur proie, vous le verriez sans relâche, avec ses complices, pomper le sang de la *victime*, et s'irriter encore de ne pouvoir s'en rassasier. Vous le verriez dans le repaire d'Henri Labarte, leur chef, monstre fétide, pétri de sang et de boüe, s'enyvrer de sa substance impure, et la coupe à la main, lui jurer, dans leur horrible langage, que *Poupart-Beaubourg*, cet ennemi redoutable, l'effroi de tous les brigands, n'échappera pas au premier *massacre* (1).

CITOYEN Président, c'est là tout leur espoir, et c'est ici la vérité. La vérité terrible! vous ne la repousserez pas; elle est libre comme le ciel dont elle est émanée. Croyez, oui croyez que toute exagération serait fort au-dessous de la réalité. J'assure positivement que dans un développement plus détaillé des faits, ils s'y trouveraient agravés par une foule de circonstances,

---

(1) Qu'il est heureux pour la société, que la nature qui a vomie ce Dulac dans un jour de colère, ait bien voulu mettre encore des bornes à son instinct! Chez lui la corruption du cœur est précisement la mesure de l'égarement de la raison! si, par malheur au lieu de s'adresser au comité de surveillance, il eût imaginé de me suivre dans la rue, et de me dénoncer au peuple, qu'il en eût eu le courage, l'action était prompte, j'eusse été haché, comme chair à pâté. Que de regrets je lui ménage! le scélérat! il transpire le crime sans relâche! mais la nature a imprimé sur sa figure un signe de réprobation, qui avertit tous les honnêtes gens de s'éloigner de lui.

et plus criantes, et plus atroces. Ils sont effrayans, ces faits, pour tous les citoyens en général ; ils sont autant d'attentats à la constitution, de forfaits à l'humanité ; ils accusent, ces faits ; ils flétrissent des Magistrats d'un peuple libre. Ils compromettent, ces faits, d'une manière scandaleuse, et les lois, et les législateurs, et les autorités constituées, et la nation généreuse, au nom de laquelle je suis assassiné depuis 18 mois, *assassiné du poignard de la délation* et du *foudre arbitraire.* Indignez-vous, hommes justes et généreux, à la vue de tant d'horreurs ! Elevez-vous contre elles avec ce sentiment de liberté qui doit être votre apanage. Montrez que cette liberté, cette égalité, ces droits de l'homme enfin si chers à vos cœurs, ne sont pas des chimères ; que vous ne les avez pas conquis pour servir d'instrument à l'intrigue, à la cupidité et à toutes les vengeances ; rassurez par votre exécration pour la tyrannie, vos concitoyens effrayés à l'aspect de cette horrible inquisition.

AU nom de la patrie et de tout ce que vous aimez le mieux, c'est-à-dire, au nom de votre propre gloire, donnez un grand exemple du mal que l'on peut éviter ; vous avez fondé la république, faites mieux, fondez l'humanité ! .. sans l'humanité il n'existe de liberté que celle dont jouissent les panthères au fond des forêts. Couronnez l'ouvrage que vous avez commencé. Achevez de confondre les auteurs des calamités publiques en arrachant de tous les cœurs ces levains de discorde, et en faisant luire après tant d'orages des jours purs et sereins. Qu'il n'y ait plus sur cette terre que le despotisme de la Loi ! Quand vos armées sont victorieuses, qu'auriez-vous à redouter ? vous êtes tout-puissans, pourriez-vous ne pas être généreux ? oubliez les malheurs, excusez les faiblesses, mais ne vous lassez pas de flétrir par-tout le *méchant*, le *fourbe*, et le *fripon.* Voilà les hommes dignes de toute la sévérité des Lois. Ce sont eux qui portent le trouble dans les familles et le désespoir dans le cœur des honnêtes gens. Ce sont leurs manœuvres qui, trompant, égarant et les princes, et les ministres, et les juges, et tous les hommes, éloignent des serviteurs fidèles, et ôtent à la patrie des citoyens nécessaires.

De tous les temps il y a eu en France une conspiration contre les hommes *utiles*, dont les complices sûrs l'un de l'autre, quand au secret commun, qui est de les perdre, et quand à la ressemblance des moyens, qui sont les perfidies et les délations, ont pour but, et pour unique occupation de noircir les vertus, d'écarter les talens, de s'enrichir des dépouilles et d'attirer les foudres de l'arbitraire sur ces mêmes citoyens qui, par leur zèle et leurs services, ont des titres à la considération publique. C'est par le succès de pareilles manœuvres qu'on a vu plus d'une fois la justice gémir sur les cendres de ses victimes. C'est enfin par le succès de pareilles manœuvres qu'on *a vu* tout-à-l'heure le citoyen *Roland*, se montrer dans sa défense hérissé de vertus... Je n'ai que des malheurs, des infortunes bien rares : mais ce n'est pas d'aujourd'hui que les fers préparés pour le crime ont enchaîné l'innocence : combien d'infortunés ont expiré le mois dernier sous le fer assassin, et qui n'étaient, comme moi, que des victimes déplorables de la délation... J'en ai connu, Justice éternelle dont les foudres reposent ! j'en ai connu qui n'avaient été arrêtés que sur des conformités de noms. Et sur quelle tête devra donc peser cette responsabilité ?.. Devinez tout ce que je n'ai pas la force d'achever....

Justice ! Citoyen Président, Justice ! c'est le signe de ralliement chez des Républicains ! qu'elle soit le prix de mes travaux, de mes dangers, de mes sacrifices, du sang que j'ai versé dans la conquête de votre liberté ! mais qu'elle soit prompte.... éclatante. J'ai le droit de le demander sans doute après dix-huit mois de fers et de tortures... Qu'un tribunal de jurés soit organisé pour moi, qu'il soit composé ou non de mes *ennemis*, protecteurs, protégés, je ne recuse personne. Seul, avec mon innocence, je repousserai la calomnie, je défendrai ma tête, je confondrai mes assassins.

Le Ciel, protecteur de ma vie, a déjà conservé, comme par un miracle, et bien au-delà du terme de mon emprisonnement, une existence minée par le chagrin et tous les genres de persécution, il achèvera son ouvrage. La vérité perçant tous les voiles dont on voudrait l'envelopper, portera enfin ses rayons sur cette *vie* qu'on s'efforce de noircir : elle la montrera, du moins, et certes, j'en ai la confiance, irréprochable aux yeux des lois. Je recouvrerai alors le bien le plus cher à mon cœur, après la paix de la conscience, la réputation et l'estime, que je n'aurais jamais dû perdre.

Signé, Le Citoyen J. B. Poupart-Beaubourg, né Breton, *Vainqueur de la Bastille.*

Prisons de Sainte-Pélagie, 10 octobre 1792, l'an premier de la République.

P. S. Depuis la levée de mon secret inquisitorial, (qui a tenu neuf à dix mois dans le gouffre de l'Abbaye, et qui semblerait vouloir se renouveller à Sainte-Pélagie, car voilà un grand mois que je ne puis écrire une ligne, même aux chefs de l'Administration, sans passer à la *censure*, ni recevoir une lettre sans qu'elle soit lue et relue par tout ce qui veut bien se donner la peine d'en briser le cachet) j'ai publié quelques ouvrages, où je m'explique comme *je sais sentir*, et entr'autres une brochure : *La Liberté crucifiée*, ou *le Martir d'un citoyen né Breton*, *dénoncé au Peuple Français libre et souverain*, *in-8°. de 160 pages.* (Se trouve au Palais-Royal chez la dame Mathé.) Sans doute qu'on ne me croit pas assez lâche pour désavouer aucun de mes écrits. Sans doute aussi qu'on ne m'imputera pas à crime ce que j'ai pu écrire sous le *glaive et dans les serres du despotisme*; il y aurait barbarie et lâcheté. Je connais aussi LE PLUS SAINT DES DEVOIRS, et certes on ne peut exiger de celui qu'on *égorge* de savoir mesurer ses cris....

Mais si l'on me faisait la grace de m'interroger sur mes principes, je répondrais qu'ils sont consacrés depuis dix ans dans des écrits de feu. Depuis dix ans je combats, je pourchasse les tyrans, comme des bêtes fauves ; je les combats par-tout où je les trouve, dans les Magistrats, comme dans les Ministres. Qu'on en demande des nouvelles aux satrapes *Breteuil*, *Calonne*, *Polignac*, *Vaudreuil* et compagnie, misérables auteurs de tant de maux.... J'ajouterai que j'ai prédit au mois d'avril 1789 la *déconfiture* de tous les tyrans, et j'en justifierai devant mes concitoyens. On peut se ressouvenir encore du *Tribun-Orateur aux Etats-généraux*, dont il y eut plusieurs éditions, avec cette épigraphe vigoureuse, qui a tenue tout ce qu'elle a promis ; je l'offre pour échantillon.

Si les Rois sont faits pour les peuples, les peuples ne sont pas faits pour les Rois ; si l'abus existe, si la monarchie dégénère en despotisme, le pacte est rompu et la société rentre dans tous ses droits.

Signé, J. B. POUPART-BEAUBOURG.

PIÈCES JUSTIFICATIVES.

DÉCLARATION de la prison de la Force.

« JE soussigné, certifie à qui il appartiendra que M. Poupart-Beaubourg, dont j'ai proclamé au nom du peuple la liberté à l'hôtel de la Force, a été reconnu victime des ennemis de la Liberté et de l'Egalité, *que plusieurs fois il s'est obstiné à refuser sa liberté* ; mais qu'il a été entraîné et porté en triomphe par les habitans du faubourg Saint-Antoine, ainsi que par les vainqueurs de la Bastille, qui l'ont reconnu à-la-fois pour leur frère d'armes, pour un des meilleurs citoyens, et pour un des plus courageux défenseurs des droits du peuple ; je certifie enfin qu'il n'a été mis *en liberté que malgré lui*, et à la réclamation du peuple assemblé, qui l'a porté dans ses bras. En foi de quoi je lui ai délivré la présente déclaration provisoire pour rendre hommage à la vérité, et pour lui servir comme de passeport en tout et partout. Le lundi 2 septembre 1792, et le premier de l'Egalité ».

Signé, DANGÉ, Officier municipal, Commissaire du peuple à la prison de la Force.

N. B. Le citoyen Dangé, électeur de la section de Popincourt, demeure rue de la Raquette Saint-Antoine. Je ne l'ai vu et connu pour la première fois que le lundi 2 septembre, à près d'une heure du matin, qu'il entra dans le cachot que j'occupais, *moi sixième*, et d'une voix qui peignait la douleur de son ame, il demanda l'infortuné *Ruilhère*.... Des furieux, éclairés par des torches, l'avaient forcé de marcher ; il n'en faut pas douter, car ce Magistrat du peuple, digne de sa confiance, à tous égards, en a souvent imposé aux plus *enragés*, et sans sa fermeté et son généreux dévouement, il eût péri infiniment plus de victimes.... Après Ruilhère vint le tour de Lachenaye également immolé. Je fus le dernier, et l'on avait eu l'attention de *me dire de ne pas m'impatienter*. Lequel, en pareil cas, est le plus misérable de celui qui reçoit ou de celui qui attend la mort ?....

ORDRE du Comité de Surveillance de l'Assemblée Nationale.

« Le Comité de sureté générale, après avoir entendu M. Poupart-Beaubourg, qui réclame lui-même avec instance un Jugement juridique, le renvoye pardevant l'Accusateur public du premier Arrondissement, saisi de sa cause, à l'effet de le faire mettre dans une maison de sureté jusqu'à la décision du Tribunal. Dans le cas où l'on ne trouverait pas l'Accusateur public, M. Poupart-Beaubourg sera remis à Sainte-Pélagie. Fait au

Comité de Surveillance, le 8 octobre 1792, l'an premier de l'Egalité ».

Les Membres du Comité de Sureté génerale de l'Assemblée Nationale. *Signé*, CLAUDE FAUCHET, RUDLER, BORDA, LAUMONT, MUSSET, François CHABOT, J. F. ROVERE.

Ecroué aux prisons de Sainte-Pélagie, par nous citoyens de la garde nationale, le 8 septembre 1792, *Signé*, CHEVREY, GRUTZ.

N. B. Je n'ai point été conduit pardevant l'Accusateur public, j'ai été mené tout de suite en prison. Comme cet Accusateur public est nouveau, qu'il a remplacé celui dont j'ai tant à me plaindre, je ne le connais point; je ne sais ni son nom, ni sa demeure, et je suis séquestré de tous les humains après 18 mois de tortures....

Paris, 8 *octobre*.

LETTRE du citoyen Dangé, Magistrat du peuple.

8 octobre 1792, le premier de l'Egalité.

« J'ai l'honneur de répondre, Monsieur, à votre lettre que je reçois. Vous m'apprenez que vous êtes emprisonné à Sainte-Pélagie, cela me surprend beaucoup, d'après tout ce qu'a fait le peuple pour vous mettre en liberté. Je me remets parfaitement que vous vous obstîniez *à ne pas vouloir sortir que le Tribunal n'eût prononcé votre jugement, que je vous ai dit et prié de sortir, et que le peuple vous a enlevé.* Vous me marquez que vous manquez de tout, je verrai M. Manuel, et je suis, etc. »

Signé, DANGÉ.

N. B. Lorsque j'échappai au fer assassin, une multitude de personnes des deux sexes me conduisirent dans un grand cabaret du faubourg Saint-Antoine, où ils me firent déjeuner avec eux. Il n'y a pas de caresses et de consolations que je n'en aie reçu pendant trois heures. Plusieurs me donnèrent leurs adresses, femmes et hommes, en me faisant promettre d'aller les voir. Assurément si je les eusse informé de ma nouvelle infortune, il n'y a pas de doute qu'ils n'eussent remué et sollicité en ma faveur ; mais d'après l'atroce délation de Dulac, on n'eût pas manqué de m'en faire un reproche, de me l'imputer à crime. Ce n'est pas tant moi, au reste, que le brigand a calomnié, que le peuple du faubourg Saint-Antoine, qui devrait en poursuivre la vengeance devant les Tribunaux. Justice éternelle ! On tient pour bien *jugé* une foule d'individus *massacrés*, et l'on refuse de reconnaître quelques jugemens de *mise en liberté*, que le peuple a porté d'après son *intime conviction*. N'est-ce donc pas lui ménager de funestes regrets, et l'encourager à recommencer ses affreux sacrifices ? Je sais qu'il en est grandement *question* ; et certes, l'on peut s'en rapporter à l'infatigable activité des Labarte, Dulac et Compagnie.

ARRETÉ de la Section du Théâtre Français, dite de Marseille.

« Le Comité du surveillance de la Section de Marseille instruit des malheurs de M. *Poupart-Beaubourg*, de sa très-longue détention dans les prisons de l'Abbaye, de toutes les difficultés qu'il a essuyées pour obtenir que son affaire fût portée devant les Tribunaux, et de tout ce qu'il a souffert depuis par la lenteur de l'ancienne procédure criminelle :

» Considérant qu'à l'époque des exécutions populaires à l'hôtel de la Force, où il venait d'être transféré, M. Poupart-Beaubourg aurait été la victime de l'acharnement de ses persécuteurs, sans le hazard qui le fit reconnaître comme ayant été *un des premiers vainqueurs de la Bastille* ;

» Qu'à peine soustrait à ce malheur funeste, il est venu en faire sa déclaration au Comité de Surveillance, en se mettant sous sa sauve-garde, comme ayant pris domicile dans son arrondissement ;

« Que le lendemain il est venu faire part audit Comité qu'il avait rencontré un sieur Dulac, ci-devant Comte de Montvert, son débiteur, et le plus acharné de ses ennemis ; qu'il en avait reçu les témoignages et les démonstrations du plus vif regret d'avoir été induit en erreur sur son compte, qu'il était prêt à lui en donner toute déclaration pardevant Notaire, et qu'il lui avait offert de lui remettre cet acte le lendemain, s'il voulait se trouver au Luxembourg : que n'ayant éprouvé jusqu'à présent que des perfidies et des atrocités de la part du sieur Dulac, il ne pouvait croire à la sincérité de son repentir, et que craignant quelques nouvelles trames de sa part, il a prié le Comité de recevoir la déclaration qu'il lui fait de ses inquiétudes à cet égard. Qu'en effet, s'étant rendu le lendemain au rendez-vous indiqué, il n'y avait trouvé que le domestique du sieur Dulac, qui lui avait témoigné le regret de ce que les occupations de son maître l'obligeaient de différer au lendemain la promesse qu'il lui avait faite ; mais qu'il n'y manquerait certainement pas.

„ Que le lendemain il n'avait encore trouvé que le domestique du sieur Dulac ; mais qu'il était accompagné de trois autres particuliers, qui l'avaient arrêté et conduit au Comité de Surveillance de l'Assemblée Nationale.

„ Le Comité instruit par une lettre de M. Poupart-Beaubourg de ce nouvel attentat à sa liberté, et après en avoir délibéré, a pris un arrêté qui a été porté au Comité de Surveillance de l'Assemblée Nationale par *le citoyen Husson*, l'un de ses membres ; mais lorsqu'il s'est présenté audit Comité, M. Poupart-Beaubourg venait d'être transféré par son ordre à la maison de Sainte-Pélagie.

„ Dans cet état des choses, le Comité n'a pu que gémir sur l'infortune de M. Poupart-Beaubourg, et sur les trames perfides employées par ses ennemis pour le perdre ; mais comme il importe à M. Poupart-Beaubourg de pouvoir constater ce dernier attentat du sieur Dulac dit Montvert envers lui, et qu'il a fait demander au Comité une expédition de la déclaration qu'il y a déposé, et que cette pièce, quelques recherches que l'on ait faites, ne s'est point retrouvée ;

„ Le Comité a arrêté que copie de la présente délibération, dans laquelle il s'est attaché à relater tous les faits, serait envoyée à M. Poupart-Beaubourg, pour lui servir ce que de raison, et que pareilles expéditions seront envoyées tant au Comité de Surveillance de l'Assemblée Nationale, ainsi qu'à celui de la Municipalité ».

Fait au Comité de Surveillance de la Section de Marseille, ce 16 septembre 1792, l'an quatrième de la Liberté et le premier de l'Egalité, et ont signés à l'original, BOUDO, *Commissaire*; PERILLE, *idem*; CART, *idem*; BERGER, *Commissaire*, et BOUCHER St.-SAUVEUR, *Président*. Collationné la présente expédition sur la minute qui est en nos mains, ce 17 septembre 1792. *Signé*, BOUCHER St.-SAUVEUR, DALMAS, *Secrétaire*.

N. B. On voudra bien observer que la déclaration que je fis à ce comité était plus étendue. Il est constant que cette pièce importante pour moi, aura été soustraite le lendemain ou surlendemain de mon enlèvement, et ce ne peut être que par l'intrigue et les manœuvres de Dulac et Compagnie. On se rappelle qu'en me réclamant de la section, je déclarai aux *mouchards* qui m'arrêtèrent (de ce nombre était le prétendu domestique de Dulac), que j'avais pressenti *le nouvel attentat*, et que j'en avais fait ma déclaration. Quelle main puissante me vengera de tant de crimes et d'oppressions....

De l'Imprimerie de C. F. PERLET, rue Saint-André-des-Arcs

BIBLIOTHEQUE NATIONALE DE FRANCE
3 7531 01402604 2

www.ingramcontent.com/pod-product-compliance
Lightning Source LLC
LaVergne TN
LVHW020306230826
846091LV00006B/2552

9782013377652